AF236668

Edgar A. Wenzel

Entlang des Weges

Gedankensteine

**Entlang des Weges - Gedankensteine
1997 - 2022**

Bibliografische Information der Deutschen Nationalbibliothek:
Die Deutsche Nationalbibliothek verzeichnet diese
Publikation in der Deutschen Nationalbibliografie; detaillierte
bibliografische Daten sind im Internet über http://dnb.dnb.de
abrufbar.

Herstellung und Verlag:
BoD –Books on Demand, Norderstedt

ISBN 9 783751 967877

I

all meine Falten

Nur für den Fall, dass ich vor Dir gehe,
nicht mehr im Leben neben Dir stehe,
bitte ich Dich, mein Herz, zu verwalten
in Deinem Kopf meine Lebensfalten.

All meine Falten sind Buch meines Seins,
und dieses Buch sei für immer dann Deins.
Viele Geschichten sind darin erzählt,
oft ist ein glückliches Ende verfehlt.

Freude und Leid sind Autoren des Buchs,
schreiben die Zeilen des Erdenbesuchs.
Alle diese Zeilen sind Teil meiner Welt,
all meine Falten mein Lebensfeld.

Zeitenbahn

Augengläser, aus Stein gemacht.
Wir blicken hinab auf ein weites Land -
ganz weit nach vorn bis zum Weltenrand.

Augenblicke, in ihrer Pracht.
Wir sehen empor auf das Himmelszelt -
ganz weit hinauf bis zum Rand der Welt.

Augenfarben, die Sonne lacht.
Wir schauen hindurch durch das Seelentor.
Hinter den Wolken ein Engels-Chor.

Augenscheinlich kommt die Nacht.
Wir lugen hinaus aus dem Menschenkleid -
ganz tief ins uns schnauft die Bahn der Zeit.

alles geben

Alte Mauern, neues Leben.
Alten Wänden Farbe geben.
Neue Träume, alte Gassen.
Neuem Platz für Altes lassen.

Alte Fenster, neue Sichten.
Alte Hölzer neu beschichten.
Neue Bilder, alte Rahmen.
Neue Wesen, alte Namen.

Alte Dächer, neue Liebe.
Alter Pflanzen neue Triebe.
Neue Trauben, alte Reben.
Neuer Hoffnung alles geben.

.

Sterne zählen

Manchmal stehe ich am Fenster,
zähl´ die Sterne hinterm Mond.
Ob es sie zu zählen lohnt,
all die kleinen Leuchtgespenster?

Kommen Wolken dann geflogen,
ist er weg, der Blick hinaus.
Und schon ist das Zählen aus,
jede Zahl wär´ nun gelogen.

Schickt der Himmel mir dann Regen,
sind die Wolken grau und fett.
Leg´ ich mich dann in mein Bett,
hör´ den Wind ums Dach ich fegen.

Manchmal träum´ ich dann von Sternen
hinterm Mond und zähle sie,
doch ihr Licht, das seh´ ich nie -
ist verschluckt von den Laternen.

Gottes Wein

Warum hörst Du auf zu beten -
weil Du Gott nicht siehst?
Lass´ Dich nicht vom Teufel treten,
bis Dein Blut ihm fließt!

Halte fest an Deinem Glauben!
Du wirst glücklich sein!
Iss´ nicht von des Teufels Trauben,
trink´ von Gottes Wein!

voller Leben

Federn sammeln auf Feldwegen.
Schmetterlinge im Flug sehen.
Hört Ihr den Wind übers Feld wehen?
Bringen die Wolken bald Regen?

Sonnenstrahlen in Baumkronen.
Barfuß über das Feld gehen.
Dort wo die Bäume beim Kreuz stehen,
woll´n wir die Füße kurz schonen.

Glücksmomente mein Herz heben,
Lebensblumen in mir säen.
Unendlich mich auf Feldern drehen -
glückerfüllt und voller Leben.

Kerzschmerz

Wohin es geht in dieser Nacht,
das hat es längt vergessen.
Vom Dasein bloß besessen,
hat es dem Mond nur zugelacht.

In einem Meer der Einsamkeit
ist es am Schluss ertrunken.
Doch alle seine Funken
schenkten Trost in jener Zeit.

überall

Nirgendwo, in keinem Traum,
sah ich Dich ein zweites Mal.
Gesucht hab´ ich Dich überall -
auf jedem Weg, in jedem Raum.

Irgendwo, in einer Welt,
die unsre nicht berührt,
umhüllt von andrem Himmelszelt,
werd´ ich zu Dir geführt.

Ich liebe das Leben!
Ich hasse den Tod!
Für mein Leben
würde ich sterben!

II

Abgesang

Die Sterne hast Du schon berührt,
den Mond schon lang´ betreten.
Die Sonne hat Dich weggeführt,
wer hat sie nur gebeten?

Durch Wolkenberge schwebtest Du,
gehst nun auf Gottes Straßen.
Hast in aller Still´ und Ruh´
die Erde längst verlassen.

Schatten der Nacht

Und ich denke so oft an das Leben.
An Gesichter der Welt, die mich umgeben.
Und ich lebe so oft in Gedanken.
Träume, die gleich einem Fischerboot
schwanken.

In meinen Nächten, die zum Tag nie erblühen,
leb´ ich Tage, die in der Sonne verglüh´n.
In meinen Tagen, deren Wärme trügt,
seh´ Dein Gesicht ich, das mich belügt.

Und ich denke so oft an den Tod
mit Fischernetz in seinem Fischerboot.
Und ich sterbe so oft in Gedanken -
Gedanken an Dich, die mich umranken.

Meine Augen erkennen Dich nicht.
Die Wellen haben Dich weggetragen.
Ein verzerrter Schatten in schmutzigem Licht.
… Und über uns die Sterne im Sterben lagen.

Regen

Regen fällt hernieder, wieder
weint die Sonne tausend Seen.
Schwarzgestimmte Lebenslieder
lassen Seelen untergeh'n.

Oh, Du Hoffnung dunkler Stunden,
sanft wiegst Du mich in Dein Licht.
Dennoch wirst Du mich verwunden
vor dem göttlichen Gericht.

Glut

Schwarze Balken
fremder Gewalt
drücken mich nieder
in ihrer Gestalt.

Grüne Hoffnung
wird rot wie Blut.
Niedergebrannt bleibt
verlorene Glut.

Schlaf

Und manchmal nimmt der Sturm die Kraft,
und bricht der Bäume Äste.
Dämonen feiern Feste,
und trinken meinen Lebenssaft.

Im Licht des Mondes stirbt die Nacht,
und bittet um Verzeihung.
Momente der Entweihung,
in denen mich der Tod auslacht.

Das Leben ist ein dunkler Schlaf,
der Atem kalt und flach.
Ich zähle noch das letzte Schaf –
dann fällt es in den Bach.

Schwarz ist der Tod,
schwarz ist die Nacht.
Blut bleibt rot,
beweint, belacht!

Rot ist die Rose
auf Deinem Grab.
Rotes Herz, lose,
in mir ich hab´.

Schwarz ist der Tag,
rot ist mein Blut.
Auf Deinem Sarg
mein Herze ruht.

hilflos

Ferner Welten starre Blicke
peitschen mir den Rücken aus.

Dreh´ mich um, in tausend Stücke
fällt mein Sein zur Welt hinaus.

Rote Dächer fremder Orte
blicken selig auf mich hin.

Dumpf im Nebel, tote Worte
schweigen, weil ich hilflos bin.

verglüht

Der März ist tot – kahles Geäst.
Ein Totenfest – im Abendrot.

Vom Wind berührt – fahles Gesicht.
Sanft ist das Licht – das zu ihm führt.

Mein Herz, es weint – wehes Gemüt.
Dein Lied, verglüht – nie mehr vereint.

...was es ist

In Deinen Augen
Mondlicht ruht –
verbrennt in Deiner Lebensglut.

In Deinen Ohren
Melodie
verstummt in Deiner Phantasie.

Auf Deiner Zunge
weißer Wein
versauert und will Rotwein sein.

In Deinem Leben
bist Du tot.
Und Wein bleibt Wein, ob weiß, ob rot.

farblos

Farblose Augen in finst´rer Nacht
verfolgen mich bis in den Tag.
Mein Traum liegt kalt in seinem Sarg,
von toten Augen ausgelacht.

Farbloses Leben das Blumenbeet
beneidet um die Farbenbracht,
hebt seine Hände zum Gebet
und wartet auf die schwarze Nacht.

mOnd

Voll ist der Mond –
und so schön hell!
Wer war´s noch schnell,
der auf ihm wohnt?

Ach ja, mein Blick,
aus diesem Strick,
nach mildem Wein,
im Mondenschein.

Stumm ist der Mond,
gedanklich hohl.
Hat es sich wohl
für mich gelohnt?

Oh ja, ich flieg´,
nach meinem Sieg,
nach mildem Wein,
zum Mond hinein.

nun

Das Licht hab´ ich vergessen,
wie einst es mich vergaß.
Von Dunkelheit besessen,
die seither mich besaß.

Wie Engel einst gesungen
den himmlischen Gesang,
ist nun im Tal erklungen
der Totenglocken Klang.

Stimme des Lebens

Wir sternen da oben
am Himmel dahin,
so ganz ohne Sinn.
Wer soll uns hier loben?

Wir monden vergebens
in finsterer Nacht,
die über uns lacht,
oh, Stimme des Lebens.

Wir leben und doch nicht –
verstummt und verstimmt.
Was Leben uns nimmt,
schenkt Tod uns als Licht.

(W)ende

Was wird sein, wenn alle Sterne,
einmal nicht mehr sind?
Steht dann auch der Wind?
Zieht der Mond dann in die Ferne?

Wird das Wasser nicht mehr fließen?
Werden alle Blumen tot?
Hilft dann nur mehr aus der Not –
alle, alles zu erschießen?

Was wird sein, wenn alle Lichter,
Dunkelheit umarmt?
Sind wir dann verdammt?
Stehen wir dann vor dem Richter?

Wird das Leben noch pulsieren?
Ob in uns noch Liebe fließt?
…Und der Letzte bitte schließt
alle Fenster, alle Türen.

lila

Seele, tiefblau,
tropft in mein Herz.
Ende des Lebens,
Anfang März.

Blau ist Tropfen.
Herzblut ist rot.
Lila ist alles.
Alles ist tot.

III

Ich liebe Dich

An manchen Tagen kann es sein,
dass blass der Mond in rotem Wein
sich spiegelt und darin ertrinkt,
ein Lied vom Sternenhimmel singt.

Im Kerzenlicht das Weinglas steht,
von kühlem Nachtwind sanft umweht.
Die Flamme ungewollt erlischt,
der Blick auf Dinge sich verwischt.

So sitz´ ich da die ganze Nacht
und warte bis die Sonne lacht
mir ins Gesicht ganz zögerlich
und Du mir sagst „Ich liebe Dich!"

ewig vertraut

Berührst Du mich,
oder ist es bloß der Abendwind?
Bist Du hier?

Verführst Du mich,
oder ist es ein Gedankenkind,
tief in mir?

Ich küsse Dich,
oder auch nur den Sommerregen
auf meiner Haut.

Begrüße Dich
auf all´ meinen nächtlichen Wegen,
ewig vertraut.

Lebensglut

Meine Hand in Deinen Händen,
schwerelos mein Körper schwebt,
umgeben zart von Meereswänden,
als hätte ich erst jetzt gelebt.

Deine Augen treuevoll
vom Wellenklang in Glanz versetzt.
Ob ich je erwachen soll?
Hast Du mich schon längst verletzt?

Lass´ mich einen Tanz noch träumen,
flieh´ mit mir in diese Nacht,
Sterne soll 'n den Weg uns säumen,
bis des Lebens Glut entfacht.

Dein Lächeln

Manchmal, da fällt es mir ein,
Dein Gesicht.
Warum es mich anschaut, das
weiß ich nicht.

Es lächelt mich an,
als ob es verstünde,
sein Lächeln zu lieben
ist hilflose Sünde.

endlich

Tage tropfen in mein Sein,
Wochen folgen ihnen.
Endlos lange Schienen
führen in mein Herz hinein.

Monate umklammern mich,
werden bald ein Jahr sein.
Schnellzug fährt in Bahnhof ein,
Herz, was hüpfst Du? Freust Du Dich?

Leben füllt den leeren Krug
in der Bahnhofsschenke
randvoll, und ich denke,
endlich ist er da, der Zug.

Lichterkreise

Aus Dir entspringt das Licht
an drüben Regentagen,
und blendet alle Fragen-
gibt die Antwort nicht.

In Dir da wohnt der Schnee.
In milden Frühlingswochen
ist er aus sich gekrochen,
küsst liebevoll den Klee.

Mit Dir lässt jeder Tag
das Rundherum vergessen.
Nichts ist daran zu messen,
das ist´s, was ich so mag.

Um Dich dreht meine Welt
verträumte Lichterkreise.
Ich werd´ davon nicht weise,
doch wird mein Sein erhellt.

mein Abendstern

Küss Dich so gern,
mein Abendstern,
beleuchtest mein Gemüt.

Dein Sternenglanz,
verzaubert ganz
mein Herz, das sanft erblüht.

Küss Dich so lieb,
mein Sternchen, gib
mir Deinen Sternenstaub.

Wenn Du mich lässt,
halt´ ich Dich fest
und still Dein Herz mir raub´.

Dein Licht

Dein Licht erreicht mich nicht.
Dein Licht lässt mein Gesicht
in der Finsternis,
wo ich Dich vermiss´!

So halte meine Hand,
ich greife nach dem Nichts.
Uns bindet fern des Lichts
ein unsichtbares Band.

Ich seh´ es nicht, mein Leid.
In dieser Dunkelheit
hab´ ich keine Sicht,
fehlt es doch, Dein Licht!

Sonnenblumenblüten

Wie die Sonne sie berührt
und zum Leuchten bringt,
der Sonnenblumen Blüten,

wird Dein Licht zu mir geführt-
bin von Liebe gar umringt-
ich werde es stets hüten.

IV

Elfenzauberland

Kalt ist der Wind an diesen Tagen,
mühevoll blickt die Sonne herab.
Durch die Wolkenmauer tragen
Engel ihren Zauberstab.

Silbern glänzt an manchen Stellen,
hier und da noch etwas Schnee.
Auf den zarten Meereswellen,
tanzt die weiße Winterfee.

Weit fliegt mein Herz in den Gedanken,
über das Meer in Deine Hand.
Über Grenzen, über Schranken
in Dein Elfenzauberland.

Herbstlichts Schwester

Nebelschwaden schlummern im Tal.
Verfärbt das grüne Laub.
Zärtlich berührt vom Sonnenstrahl,
ein Blümlein erhebt sich im Staub.

Nebelfeuchte auf meiner Haut,
ich wandle sanft durchs Nichts.
Wie lieblich Dein Wesen mich anschaut,
Du Schwester des herbstlichen Lichts.

ungestillte Stille

Ich will mit Dir im Schneewald gehen,
und zu den Weihnachtssternen sehen.
Und nichts soll uns die Sicht verwehren,
ich will mit Dir die Stille ehren.

Ich will mit Dir die Lichter zählen,
und auch das Mondlicht darf nicht fehlen.
Und nichts soll uns den Tag zerstören,
ich will mit Dir die Engel hören.

Ich will mit Dir nur woll´n, nie müssen
und Weihnachtszauber soll uns küssen!
Und nichts soll hier auf Gottes Erden
uns zur Gewohnheit jemals werden.

Farbenspiel

Farbenfroh ist doch mein Sein,
wenn Du bei mir bist.
In mein Leben fließt
Regenbogenglanz hinein.

Farbenpracht ist hier und da,
alle Blumen blüh´n.
Wälder, saftig grün,
wo einst graue Steppe war.

Farbenreich ist meine Welt,
denn Du bist bei mir.
Küss´ mich, jetzt und hier -
unterm bunten Himmelszelt!

Sonnengarten

Ich halte Deine Hand in Stunden,
die Dir schwere Last bescheren.
Wo die Sonne wir entbehren,
sind an Schatten wir gebunden.

Ich halte Deine Hand in Nächten,
die mit dunklen Träumen drohen.
Wo die Sonne ist geflohen,
sind wir Kind von dunklen Mächten.

Ich halte Deine Hand an Tagen,
die uns manche Hoffnung stehlen.
Wo die Sonne wir verfehlen,
müssen wir am Dunkeln nagen.

Ich halte Deine Hand in Zeiten,
die auf Sonnenstrahlen warten,
bis in unsrem Sonnengarten
Sonnenblumen sich verbreiten.

Erdenballs Glück

Immerzu und jederzeit
will ich bei Dir sein -
steter Sonnenschein
nähre unsre Zweisamkeit!

Immerdar und ewiglich
lieb´ ich Dich wie heut!
Was mein Herz erfreut?
Unsre Liebe, minniglich.

Immerhin und jedenfalls
ist es Zufall nicht,
dass uns dies Gedicht
nennt das Glück des Erdenballs.

unsere Zeit

Möge ein Stern sich erheben
über Deiner dunklen Nacht.
Möge er Dir alles geben
wofür Dein Herz Dir lacht.

Möge sein Licht Dich berühren
in Deinem innersten Ich.
Öffne es tausende Türen,
eine öffne Dich!

Möge die Nacht niemals enden,
heute leben wir, mein Wort
liegt in Deinen zarten Händen.
Leben soll es immerfort!

Möge ein Stern sich erheben
über unsrer Zweisamkeit.
Möge er nur ewig leben,
schenken wir ihm unsre Zeit!

Winterfee

Hand in Handschuh.
Hand in Hand.
Weites Land.
Ich und Du.

Schnee in Hand.
Schnee auf Dir.
Schnee auf mir.
Schneegewand.

Schnee auf Schneeschuh.
Schnee und Schnee.
Hase, Reh,
Winterruh.

Hand in Schnee.
Hand um Dich.
Liebe Dich,
Winterfee.

Mohnblumen

Tautropfen auf Mohnblumenblüten
fangen das Licht der Sonne ein,
leben stumm in den Tag hinein,
werden der Sonne Glanz behüten.

Ihnen gleich will ich es tun,
tief im Herzen soll es ruh 'n,-
Deiner Liebe zartes Licht,
das durchs Dunkel in mir bricht.

Mohnblumen auf meinen Wegen,
schweigen geheimnisvoll mich an,
was ich aus ihnen lesen kann
werde ich Dir zu Füßen legen.

vielleicht

Vielleicht ist´s dieses Blau,
vielleicht Dein liebes Sein,
vielleicht der Sonnenschein,
bei zartem Morgentau.

Vielleicht ist´s Dein Gesicht,
vielleicht das Licht in Dir,
vielleicht das Jetzt und Hier,
bei sanftem Kerzenlicht.

Vielleicht ist´s, was Du schreibst,
vielleicht was Du mir sagst,
vielleicht, ist´s, was du wagst,
vielleicht, was Du so treibst.

Ganz sicher jedoch ist,
und dies ohne „vielleicht",
dass Du mein Herzchen bist,
das meinem niemals weicht.

wir

Du und ich.
Wir.

Streichen uns an
mit Sonnenstrahlen.

Leben.
Der Liebe
Herzensdiebe.

Wir.
Du und ich.

Haben einander
die Herzen gestohlen.

Tal

Ins tiefe Tal Vergangenheit
fällt mein Blick hinein -
will sich nicht befrei 'n
von Deiner Liebe Endlichkeit.

Vor meinen Augen stehst Du da,
wie vor langer Zeit -
im weißen Winterkleid,
und weiße Rosen zier 'n Dein Haar.

Ich will mit Dir verloren sein,
hier, in diesem Tal -
dieses eine Mal,
und bis zum letzten Tage mein.

Lichter im Schnee

Im Schnee versinken uns´re Seelen,
endlos scheint das weiße Land.
Geh´ mit mir zum Weltenrand,
ich will mit Dir davon mich stehlen.

Am Feld verweilen uns´re Herzen,
schneebedeckt ist unser Sein.
Scheinbar auf der Welt allein,
weitab von allen Weltenschmerzen.

Im Wald verzaubert uns das Schweben
ferner Lichter jener Stadt,
die auf uns gewartet hat-
wie einst auf uns auch unser Leben.

in allen Zeiten

Mit Dir will ich mein Leben teilen,
jeder Tag ist Sonnenschein.
Niemals lass ich Dich allein.
Ich will in Deinem Sein verweilen.

Mit Dir will ich das Leben nähren,
jeder Tag ist unser Kind.
Unsre Herzen trägt der Wind.
Ich will Dich lieben und verehren.

Mit Dir will alles fröhlich blühen,
jeder Tag zum Glanz erwacht.
Was die Liebe uns gebracht,
soll in allen Zeiten glühen.

Schnuppenlicht

Es ist der Mond, der uns begleitet,
auf allen Feldern um uns liegt
schon Herbst, der Sommer ist besiegt,
auf schnellem Ross der Herbstwind reitet.

Es ist der erste Stern am Himmel,
er gibt dem Mond die zarte Hand,
und bald schon ziehen übers´s Land,
vieltausend Sterne. Sterngewimmel.

Es ist ein Leuchten, das uns findet,
auf uns´rem Hochstand hinterm Baum.
Ein Stern trennt sich vom Himmelsraum,
sein Schnuppenlicht uns zwei verbindet.

ewiges Licht

Im Lichte der gelben Laternen,
blicken wir hoch zu den Sternen,
was immer sie uns verschweigen,
was immer sie uns auch zeigen,

ihr Dasein ist unser Besinnen.
Im Schein der Sterne beginnen,
Träume in uns zu erwachen,
Träume, die Feuer entfachen.

Im Lichte des zweisamen Lebens,
jagt uns der Schatten vergebens.
Wir blenden ihn und erhellen,
all seine finsteren Stellen.

Dein Liebeslicht stillt mein Verlangen,
einen der Sterne zu fangen.
Denn Du bist mein Licht im Leben,
und dies soll es ewig geben!

Windkinder

Auf kühlen Wellen ruht das Licht,
das uns die Abendsonne schenkt.
Der Wind hat uns hierhergelenkt,
und wartet bis die Nacht anbricht.

Auf kühlem Stein die Seele ruht
und nichts sie aus der Ruhe bringt.
Der Wind ein sanftes Lied uns singt,
versunken ist der Sonne Glut.

Auf kühlen Wegen führt die Nacht,
die Sterne auf das Himmelszelt.
Der Wind uns an den Händen hält-
und uns zu seinen Kindern macht.

unser Wir

Was uns schenkt das gute Leben,
sei uns hold an jedem Ort.
Wenn auch manchmal Wolken schweben,
ist doch nie die Sonne fort.

Niemals sollst Du es bereuen,
immer ist mein Herz Dir treu.
Lass die Zweifel sich zerstreuen,
ist das Glück auch manchmal scheu.

Immerzu sind die Gedanken,
Dir in Liebe zugetan.
Wenn im Sturm auch Boote wanken,
wirft doch nichts sie aus der Bahn.

Niemals will ich Dich beengen,
immer bin ich dennoch hier.
Lass uns - frei von bösen Zwängen –
ewig leben unser Wir!

Segen

Wir tanzen auf salzigen Stränden,
vom Hauch des Meeres bewegt.
Wohin der Wind uns auch trägt –
wir nehmen uns fest an den Händen.

Wir liegen auf sandigem Waldstück,
vom Wald am Wasser umringt.
Ein Möwenchor für uns singt –
er macht es perfekt, unser Glück.

Wir gehen auf sonnigen Wegen,
vom Klang der Wellen geführt.
Was uns so zärtlich berührt,
ist unser unendlicher Segen.

im Herzen ganz

Ich liebe es, Dich anzusehen,
wenn Du tanzt im Sonnenschein.
Meine Sonne sollst Du sein!
Ich will mir Dir durchs Leben gehen!

Ich liebe es, Dir zuzuhören,
wenn Du sprichst im Sternenglanz.
Du machst mich im Herzen ganz,
und dieses soll nur Dir gehören!

Ich liebe es, Dich zu berühren,
wenn Du schläfst im Vollmondlicht.
Du bist meine klare Sicht!
Die Liebe soll uns beide führen!

Stille

Dein Atem haucht mir Liebe ein.
Ich halte Dich ganz fest.
Kein Wort den Mund verlässt.
Dein Haar, es glänzt im Sonnenschein.

Ich spüre Deine Liebe und
am Rücken Deine Hand.
Verknüpft zu einem Band,
sind unsre Leben leuchtend bunt.

Die Stille zwischen uns belegt,
dass nichts zu sagen ist.
Wir haben uns vermisst.
Die Liebe zarte Blüten trägt.

Wasser

Wie Wasser sich durch Felsen frisst,
und wild durch dunkle Wälder fließt.

Wie es sich um die Steine windet,
und immer seine Wege findet,
hat auch die Liebe uns gefunden,
nach scheinbar endlos vielen Runden.

Wie Wasser unentbehrlich ist,
hat lang´ die Liebe *uns* vermisst.

Nun hat das Wasser seinen Weg-
die Liebe baut uns einen Steg,
der uns über die Wellen trägt
zu allen Zeiten, unentwegt.

zweisam

Meereswellen, Möwengesang,
ein kleines Fischerboot
im sanften Abendrot,
kurz vor dem Sonnenuntergang.

Schweigen ziert die Zweisamkeit,
liebt wie wir diesen Moment.
Feurig rot, am Firmament
schwebt ein zartes Wolkenkleid.

Sonnenstrahlen, Salzwasserduft,
Dein Haar im Sommerwind.
Vom Salz des Meeres sind
geküsst die Feen der Meeresbucht.

In Flammen

In Flammen stehen uns´re Herzen -
heute und in Ewigkeit.
Uns´re Liebe küsst die Zeit,
unser Feuer nähren Kerzen.

Durch Flammen gehen wir an Händen -
uns´re Liebe nie verschmorrt.
An diesem nicht, an keinem Ort!
Niemals wird das Licht uns blenden.

Mit Flammen sehen uns´re Augen
tief hinab zum Herzensgrund.
Flammenzungen, Feuermund-
endlos Liebe aus uns saugen.

für mein Sein

Wie Regen meine Seele kühlt,
und tief in den Gedanken wühlt,

wie Nebel in den Bergen hängt,
und mich mit Tagträumen beschenkt,

wie Sonnenstrahlen mich berühr´n,
und mich zum Fröhlich-Sein verführ´n,

wie sanft der Schnee mich küsst zur Nacht,
und mir durchs Herzensfenster lacht,

bist du, Geliebte, für mein Sein,
Schnee, Nebel, Regen, Sonnschein.

Momente

Wie schön der Wind
die Grashalme bewegt,
und Sonnenlicht
sich auf Deine Wangen legt.
Wie schön der Bach
die Blätter mit sich trägt,
wie schön ist der Moment!

Wie schnell der Mond
sich um die Erde dreht,
und bald dann auch
wieder voll am Himmel steht.
Wie schnell die Zeit
vom Winde wird verweht,
wie schnell der Zeiger rennt!

Wie lieb ich Dich,
den Mond und auch den Wind,
das Sonnenlicht,
grüne Wiesen und das Kind
des Birkenbaums!
Momente mit Dir sind
mein Herz, das für Dich brennt.

Tausendrosenmeer

Wir gehen durch den Rosengarten
des Lebens, der Liebe.
Tausend Rosentriebe,
die ungeduldig auf uns warten.

Wir sind von Rosenduft umgeben,
und wandeln auf Wiesen.
Tausend Rosen sprießen
uns säumen zärtlich unser Leben.

Wir liegen im Tausendrosenmeer.
Die Liebe, das Leben
und Rosen, sie geben
unsere Herzen nie wieder her.

unser Weg

Wenn Schatten uns vorauseilt,
und uns zu Füßen liegt…
Wenn Nebel unser Feld teilt,
der Boden scheinbar fliegt…

Getaucht in viele Lichter,
ist oftmals unser Weg.
Zeigt vielerlei Gesichter,
ist unser Lebenssteg.

Wenn Schnee sich auf das Eis legt
und uns die Füße kühlt…
Wenn Wind durch unsren Wald fegt
und in den Blättern wühlt…

Liegt oft der Weg im Dunkeln,
auf dem die Füße geh 'n.
Wenn unsere Herzen funkeln
bleibt unser Licht besteh 'n.

Sterne im Abendwind

Über den Tag hinaus
fließen wir in die Nacht
Der Mond am Himmel lacht,
das Sonnenlicht geht aus.

Unter dem Sternenzelt
sitzen wir auf der Bank,
und güld´ner Zaubertrank
die Nacht uns jäh erhellt.

Neben Dir bin ich zu Haus,
wo immer wir auch sind.
Sterne im Abendwind
leuchten das Leben uns aus.

Du bist

Du bist die Wolke, die mich wärmt,
wenn die Kälte mich umschwärmt.
Bist der Nebel, der mich küsst,
wenn der Jänner-Nebel grüßt.

Du bist der Sturm, Du bist der Wind,
bist der Morgensonne Kind.
Bist der Regen in der Nacht,
bis die Nacht zum Tag erwacht.

Du bist der Stern und bist der Mond,
bist das Glück, das in mir wohnt.
Du bist Schnee, wie Samt so weich.
Bist im Wesen elfengleich.

Du bist all das und noch viel mehr,
bist mein Sein, ich lieb Dich sehr.

gehen

Wir gehen auf Feldern,
in Nebel getaucht,
spazieren in Wäldern,
vom Wind sanft umhaucht.

Wir gehen auf Wegen,
bergauf und bergab,
bei Schnee und bei Regen,
wie lieb ich es hab´!

Wir gehen bei Tag und
wir gehen bei Nacht,
der Mond, er ist rund und
die Sonne, sie lacht.

Wir gehen und reden,
im Geh 'n sind wir frei,
verflechten die Fäden
des Lebens dabei.

der Saum meines Lebens

Momente wie dieser bedeuten mein Leben,
sind all meine Kraft, meine Welt
und Bilder des endlosen Traums.

Für Euch, meine Lieben will ich alles geben,
bis schließlich zu Boden es fällt,
das letzte Blatt meines Baums.

Momente wie dieser, sie sollten nie enden,
ihr gebt meinem Leben den Sinn,
und Liebe in endlosem Raum.

Ich gehe durchs Leben, nehm´ Euch an den
Händen,
und lasse nie los, denn sonst bin
zerfranst ich, denn Ihr seid mein Saum.

Sonne

Sonne.

Am Himmel.
In Deinen Augen.
In mir.

Wärmt mich.
Wärmst mich.

Sonne.

In meinem Leben.
In Deinem Herzen.
In Dir.

Liebe sie,
weil du sie liebst.

Liebe Dich.

Lieben.
Dem Leben
Farben geben.

mein Herzmagnet

Das Jahr hat sich im Kreis gedreht,
schon wieder sanft der Herbstwind weht.
Wir drehen uns mit ihm herum,
wie Licht im Planetarium.

Im Lauf der Zeit, die niemals steht,
bist du konstant mein Herzmagnet.
Ich gebe Dich nie her – warum?
Mein Herz wär´ ohne Dich ganz krumm.

Das Jahr wird kalt, ist es auch spät -
die Zeit stets neue Samen sät.
Es ist wie im Aquarium,
die Zeit verschwimmt, die Zeit ist stumm.

Im Lauf der Zeit, die schnell verweht,
bist Du mein Baum im Herzensbeet.
Ich sag´ s Dir gern auch andersrum -
mein Herz ist Dein Imperium.

mein Begehr I

Dich traurig zu sehen
bricht mir das Glas
meiner Herzenswand.

Ich will mit Dir gehen
auf grünem Gras.
Glücklich, Hand in Hand.

Dich weinen zu sehen
nimmt mir das Licht
meiner Poesie.

Die Erde bleibt stehen.
Ich spüre sie nicht,
meine Phantasie.

II

Dich schweigsam zu sehen
raubt mir das Glück,
meine Energie.

Die Welt soll sich drehen,
und spielen ein Stück
Lebensmelodie!

Dich fröhlich zu sehen
ist mein Begehr.
Das Licht, das uns erfand

soll leuchten und sehen
mit uns übers Meer
und weißem Dünensand.

danke

Danke, dass Du mich begleitest,
auf den Wegen durch mein Sein,
über Stock und über Stein
mich zum Liebestraum verleitest.

Danke, dass Du mich im Leben
stärkst und nicht alleine lässt,
niemals mich in Formen presst,
mir nicht drohst mit Gitterstäben.

Danke, dass Du mich bereicherst,
und mir Deine Liebe schenkst,
Tage, Nächte an mich denkst,
alles Dir im Köpfchen speicherst.

Danke, dass Du mich gefunden,
und an meiner Seite bist,
niemals dies mein Herz vergisst,
ewig nun Dein´s gebunden.

nun

Nun habe ich meinen Kopf
leergeträumt -
jetzt habe ich Platz
für mein wahres Leben.

Nun habe ich mein Leben
leergelebt -
ich wünschte,
es wäre nur ein Traum.

Rehlein

Die Tage werden mehr,
das Licht wird schwach.
Ich bin noch wach,
doch quält der Schlaf mich sehr.

Die Stimmen werden kalt,
das Lied geht aus.
Und kein Applaus
durch unser Leben hallt.

Die Nächte werden lang,
doch nicht ein Traum
schwebt im Raum.
Kein himmlischer Gesang.

Die Lieder sind verstummt.
Das Licht ist aus.
Nur vor dem Haus
ein Rehlein einsam summt.

verstummt

Und wieder keine Antwort,
und wieder eine Nacht
alleine zugebracht
an unser beider Ort.

Und wieder diese Frage-
Warum bist Du nicht hier?
So oft ich es auch sage,
es fehlt mir so, das Wir!

Und wieder, immer wieder
kann ich sie sehr gut hör´n.
Traurig sind die Lieder,
die meine Ruhe stör´n.

Verstummt in den Gedanken
sind nun die Melodien,
die sanft mein Leid umranken.
Ich will mit ihnen flieh 'n.

niemals

Irgendwann, so hoffe ich
wirst Du bereu 'n!
Und ich werde, nur für Dich,
mich d´ran freu´n.

Irgendwo wirst Du dann sein,
ganz ohne Glück!
Denkst an mich dann, ganz allein -
willst zurück!

Irgendwer wird weh Dir tun -
Du sollst es spür´n!
Niemals will mein Herz ab nun
Dein´s berühr´n!

Glasmond

Nacht der Erkenntnis,
erkennst Du uns nicht?
Dein stilles Geständnis
erlöscht unser Licht.

Tausende Welten
trennen uns zwei.
All´ diese gelten
als Tode dabei.

Nacht zweier Seelen,
sie finden sich nicht.
So sehr sie sich quälen,
der Glasmond zerbricht.

Hoffnung und Willen
begleiten ein Stück
die Nacht, doch im Stillen
kehr 'n bald sie zurück.

eins

Tausend Dächer,
tausend Mauern,
die in stiller
Wehmut trauern.

Tausend Plätze,
tausend Gassen,
die Dich endlos
dafür hassen.

Tausend Kerzen,
tausend Lichter.
Stumm sind all
ihre Gesichter.

Tausend Träume,
tausend Leben,
doch nur eins
war uns gegeben.

Abendrot

Kalter Sand,
die Luft erstickt im Salz.
Ein Schrei aus seinem Hals.
Seine Hand

hält ihr Bild, wie sein eigen Kind,
dann schenkt er es dem Wind,
der sich spielt.

Über´s Meer der
Wind trägt seine Last,
die er nun nicht mehr hasst.
Frei ist er!

Augen zu!
Erlöst von seinem Leid,
hat er nach langer Zeit
endlich Ruh´!

Schwarze Nacht.
Die Wellen, sanft und mild,
haben ihm ihr Bild
zurückgebracht.

Stern

Ein stiller, tiefer See,
und ich geh´
drum herum.

Von kaltem Wind umweht,
und es fleht
mild und stumm

mein Herz nach Deiner Gunst
und der Kunst
ew´ger Lieb´.

Du klarer Stern in mir
was von Dir
weg mich trieb?

Mondmelodie

Ich frage Dich nicht nach dem Mond,
wo er lebt, wo er klebt,
ob er über Dir schwebt,
ob in Deinem Herzen er wohnt.

Ich frage Dich nicht nach dem Licht,
wo es liegt wo es fliegt,
ob es über Dich siegt,
ob tief in Dein Herz es wohl kriecht.

Ich frage Dich nicht nach der Nacht,
wo sie träumt, überschäumt,
ob Deinen Weg sie säumt,
ob sie in Deinem Leben lacht.

Und nicht frag´ ich nach unsrem Glück,
nicht nach Dir und nach mir.
Doch käm´ es jetzt und hier,
gäb´ Mond und Licht der Nacht zurück.

wasserblau

Über Deiner Seele schwebt
das weite Meer,
wasserblau,
schweigsam laut.

Zwischen Deinen Träumen lebt
mal hin, mal her,
punktgenau,
Mondnachts Braut.

Unter Deiner Liebe bebt
die Erde sehr.
Morgentau
die Zeit zerkaut.

Septemberwind

Septemberwind umrauscht mein Herz,
das glüht, weil Du es liebst,
ihm sanfte Hoffnung gibst,
es an uns glauben lässt.

Ich halt´ im Traum Dich fest,
und schau´ in Dein Gesicht,
doch Du erkennst mich nicht,
starrst schweigsam fragend himmelwärts.

VI

Passepartout

Oh, wie rinnt die Zeit davon,
ohne Sinn und Zweck.
Wenn ich mich auch vor ihr versteck´-
sie wird mich doch bedroh´n.

Sinnlos ging schon mancher Tag,
in den Untergang.
War ich auch voller Tatendrang,
der Tag der Zeit erlag.

Oh, wir müssen achtsam sein,
jeden Augenblick,
sonst drehen wir uns einen Strick-
und leben nur zum Schein.

Sinnvoll leben immerzu,
ist mein Lebensziel,
sonst bleibt, vertrödeln wir zu viel,
ein leeres Passepartout.

Weltenrand

Wellen brechen am Beton,
bunt bemalt, beschmiert.
Langsam nur verliert
die Sonne ihren Thron.

Schleichend kommt der kühle Wind,
fegt über das Meer.
Langsam wird es leer,
wie Sand die Zeit verrinnt.

Wolken ziehen auf und bald,
ist der Mond zu seh´n.
An den Ufern steh´n,
die Felsen nah am Wald.

Sterne zeigen ihr Gesicht -
Boten dieser Nacht.
Bald der Mond uns lacht -
erstrahlt in seinem Licht.

Oh, wie lieb ich den Moment,
hier am Weltenrand.
Mein Herz steht in Brand,
doch niemals es verbrennt.

Listopad

Im Fall des Laubes
fall 'n sie mit,
die Wehmut und das Leid.

Es wird, ich glaub´ es,
für den Schritt,
nach vorne endlich Zeit.

Zeit

Oh wie schnell die Zeit vergeht,
altgeworden ist das Jahr.
Niemals ist der Zeiger starr,
nie er auf den Beinen steht.

Fliegt über das Ziffernblatt,
schwerelos in seinem Tun,
will auch nicht nur einmal ruh 'n,
nie hat er das Fliegen satt.

Oh wie schnell die Zeit versteht,
dass sie immer fließen muss.
Hohe Wellen, tiefer Fluss –
Blätter, die der Wind verweht.

.

herbstnah

September, horch! Der Herbst schon naht,
den Wind schickt er voraus,
und bald schon fliegt er aus,
es bleibt Dir nicht erspart.

Im Nu umrauscht ein Blättermeer
Dein liebliches Gemüt –
so sehr es sich bemüht,
es setzt sich nicht zur Wehr.

Winternacht

Heimlich legt sich Nebelstaub,
der sich in den Wald geschlichen
und das Waldgrün ausgeblichen ,
auf das kalte Winterlaub.

Müde sind die Winterstunden
wenn die Sonne sterben geht.
Bald schon ist das Laub verweht,
das den Weg aufs Feld gefunden.

Schlaflos träumt der Nebelwald,
von den Winterhimmelssternen,
die zur Nacht das Leuchten lernen.
Schlafe, Wäldlein, schlafe bald!

Herbstgang

Oh kühler Wind,
im Felsenwald,
Dein Blick ist kalt,
Novemberkind.

Du küsst mich wild,
bist ungestüm
im Herbstkostüm.
Ein buntes Bild.

Oh Sonnenstrahl
am Wiesengrund,
geleitest mich
ins tiefe Tal.

Du küsst mich mild,
und wärmst mich zart.
Auf Deine Art
bist Du verspielt.

Morgengrauen

Was nimmt mir die Nacht,
die vom Vollmond geblendet,
und irgendwann endet
durch höhere Macht?

Wo ist meine Sicht
auf die Dinge des Lebens,
die leuchten vergebens?
Ich sehe sie nicht!

Was nimmt mir der Tag,
den die Sonne verachtet,
ins Diesseits verfrachtet?
Wohl das, was ich mag!

Wo ist nur das Licht,
das mich nie hat verlassen?
Ich gehe auf Straßen,
bis Leben anbricht.

Abendblau

Schatten küsst die alten Bäume,
über ihnen welkt das Licht -
trübt der jungen Gräser Sicht,
stiehlt des Lebens Farbenträume.

Sanft im Blau der fernen Lüfte
liegen Berge, Hand in Hand.
Hellblau ist der Weltenrand,
Schüchtern sind die Frühlingsdüfte.

Bald legt sich der Tag zur Ruhe,
trägt zur Nacht sein Sternenkleid.
Durch die Wolken schleicht die Zeit
auf leisen Sohlen alter Schuhe.

Duett

Rosen erwachen im Garten am See,
erheben im Märzsonnenglanz
die Köpfe und bitten zum Tanz.
Schüchtern begrüßt sie die Frühlingsfee.

Vieles erinnert an alte Zeit,
oft fehlt der Reim im Gedicht.
Bilder verblassen im Licht -
doch sind sie gemeißelt in Ewigkeit.

Bäume erfinden ein einsames Lied,
wenn Wind ihre Blätter berührt
und ihre Gedanken entführt.
Höhnisch belacht sie der Störenfried.

Manches besteht im Gedankenbuch.
Oft ist der Satz nicht komplett.
Schatten und Licht im Duett –
doch bleiben Rosen stets rot im Geruch.

Birkenkind

Schwarzer Wind im Abendrot
küsst die Dächer dieser Stadt.
Einsam fliegt ein Birkenblatt.
Ob der Weg die Mühe lohnt?

Roter Mond erhebt sein Haupt,
blickt geduldig auf die Welt.
Ob die Sonne ihm erlaubt,
dass er einmal runterfällt?

Blaue Blumen schlafen tief
in der Nacht, im Mondscheinrot.
Scheinbar sind sie längst schon tot.
Ob der Mond sie zu sich rief?

Weiße Birken nah am Fluss
weinen um ein Blatt im Wind.
Sehnen sich nach ihrem Kind.
Ob es jemals landen muss?

Sein

Es liegt in der Natur des Seins,
dass alles einmal geht.
Vom Frühlingshauch verweht,
oh, Kind des fahlen Sonnenscheins.

Die Farben, die der März uns schenkt,
verblassen jäh im Licht.
Und aus den Wolken spricht,
der kühle Wind, der an uns denkt.

Es liegt die Frage in der Luft,
wohin der Weg uns führt,
wer wohl sein Päckchen schnürt,
und wen die Sonne zu sich ruft.

Die Wärme, die das Leben braucht,
erfahren wir im Sein.
Doch ohne Sonnenschein,
ist alles Leben bald verraucht.

Nachttag

Ich habe den Tag
verträumt.
Ich habe die Nacht
gewacht.
Ich habe den Tag
versäumt.
Ich habe die Nacht
zum Tag gemacht.

ungeküsst

Ein Stück des Wegs -
Hand in Hand -
so fern, als läg´s
im Niemandsland.

Die dunkle Nacht
hat uns vereint
- mit uns gelacht,
für uns geweint.

Was zu uns sprach,
gefangen war
im Schlafgemach -
nicht hier, nicht da.

Ein Stück des Seins
im Irgendwo -
nicht Dein´s, nicht meins´s
und dennoch froh.

Der helle Tag
hat uns gegrüßt
die Nacht erlag
uns, ungeküsst.

Liebschatten

Liebschatten erstreckt sich im Abendrot,
kriecht auf die Mauern des Seins.
Wird von den Augen der Nacht bedroht.
Trauben des bitteren Weins.

Liebschatten verliert sich im Nebelwind,
liegt auf den Ästen der Zeit.
Träumt von der Sonne lieblichem Kind.
Träume der Schlaflosigkeit.

Liebschatten ergibt sich der finst´ren Nacht,
wird von den Sternen belohnt.
Zeigt wieder Leben und wird belacht
heimlich vom schüchternen Mond.

und wieder...

Und wieder leuchten hernieder,
der Sonne lustige Lieder.

Und wieder reimen die Herzen,
ihr müdes Leid auf Schmerzen.

So nimmt das Leben seinen Lauf,
und wieder leuchten Sterne auf.

zeitenloser Tanz I

Langsam stirbt der Sommer ab,
was einst lebendig war
fällt nun als braune Blätterschar
hinab ins Herbstzeitgrab.

Emsig trägt der Wind davon,
der Blumen Blütenkleid.
Es ist nun längst schon an der Zeit -
der Herbst besteigt den Thron.

Jeder Augenblick zerrinnt,
die Zeit bleibt niemals steh´n.
In welche Richtung wir auch geh´n,
der Zeitsand stets gewinnt.

II

Jeder Tag hat seinen Glanz,
wir dreh´n uns mit der Zeit.
Und immerzu sind wir bereit
zum zeitenlosen Tanz.

Langsam leuchten Sterne auf,
das blaue Winterlicht
erleichtert uns die trübe Sicht-
der Weg nimmt seinen Lauf.

Emsig kommt zur Tür hinein,
des Frühlings Blumenheer.
Was einst so bitterkalt und leer,
erwacht zu neuem Sein.

Herbstgesang

Gras im Wind.
Sonnenlicht in Deinem Haar.
Wir gehen auf Feldern.

Wir sehen in Wäldern
den Herbst schon, er ist uns nah.
Blätter sind

sterbenskrank.
Langsam geht der Sommer fort,
auf ganz leisen Sohlen.

Wir blicken verstohlen
um uns, hier an diesem Ort.
Herbstgesang.

VII

Du

Träume, Gedanken
und etwas Poesie,
die Dich umranken –
umarme sie und flieh´!

Trag´ sie auf Händen,
gleich Deinem eig´nen Kind.
Lass´ sie nie enden,
weil Teil sie von Dir sind!

entlang des Weges

Vergänglich ist das Leben -
vergangen doch so bald.
Nach Ewigkeiten streben -
ein Baum im tiefen Wald.

Dem Lebensrand entgegen,
bis alles einmal steht
und Blätter sich dann legen -
vom Winde einst verweht.

Doch braucht es die Bewegung,
wenn auch zum Abgrund hin,
denn - ohne Überlegung –
fehlt Stillstand jeder Sinn.

Verfänglich ist das Leben -
verfangen wir darin.
Der Weg ist niemals eben,
und steinig ohnehin.

mein Platz

Und immer noch
im Kopf sich dreht,
noch nicht verweht,
ein schwarzes Loch.

Da fiel ich rein
vor langer Zeit.
Mit meinem Leid
blieb ich allein.

Und immer noch,
tief drin in mir
bin ich nicht hier.
Mein Platz ist leer.

Da fegt der Wind
über das Land
und nimmt das Kind
an seine Hand.

Wenn ich in meinem Sessel lehn´

Ich lehne mich zurück und bin,
gedanklich längst nicht mehr Wien,
denn all die Bilder, die ich hab´-
schließ´ ich die Augen, sind fernab
von dieser Stadt, in der ich bin,
und ziehen mich zum Wasser hin.
Ein Wasser, das gefüllt mit Salz:
das off´ne Meer - und abermals
denk´ ich ganz still - wie kann es sein,
dass in der Großstadt ich allein
mich fühle, doch am Meeresrand,
gibst Du mir dort dann Deine Hand,
ich alles bin, vollkommen gar –
denn Du machst alles wunderbar.
Mit Dir am Dünensand zu geh´n,
dem starken Nordwind widersteh´n,
mit Sand im Haar die Wellen zähl´n,
sich aus dem Alltag heimlich stehl´n,
ist alles was mich stärkt in Wien,
wenn ich mal wieder einsam bin,
die Wolken hoch am Himmel steh´n
und ich in meinen Sessel lehn´.

unbekannt

Ein Birkenhain
erstreckt sich weit
ins Land hinein.

In einem Zug
zieh´ ich vorbei,
fast wie im Flug.

Ein weites Land
scheint da und dort
noch unbekannt.

Schneeglöckchens Gesang

Schnee auf Feldern sinkt zu Grunde,
bald erstrahlt das weiße Haupt,
das der Sonne Strahlen raubt.
Leise klingt aus seinem Munde:

Oh, mein Winter, lange Tage
Warst Du hier, nun bin ich da.
Wo einst Schnee und Kälte war
ich nun aus der Wiese rage.

Mutter Sonne, Schnee, mein Vater -
euer Kind erhebt sich leis.
Macht sie auf die erste Reis´-
blüht im grauen Grünen Prater.

Bald schon wird der Frühling grüßen,
Vater, Mutter, Euer Kind
fliegt alsbald dann mit dem Wind,
wird das Leben Euch versüßen.

ich

Ich atme –
und der der Himmel atmet mich ein.
Ich weine –
und fließe aus toter Wolken Augen.
Ich kämpfe –
und alles ist gegen mich.
Ich bin –
und werde sein gelassen.

Nachtgesang

Zwischen alten Mauern wandeln
wir im Abendwind.
Uns´re Schatten sind
Lieder, die vom Leben handeln.

Hoch zum Turm der Zeiten steigen
wir zur Mitternacht.
Wenn die Turmuhr lacht,
hüllt die Ehrfurcht uns in Schweigen.

Über müde Dächer schweifen
wir den Blick empor,
hoch zum Himmelstor.
Lass uns nach den Sternen greifen!

Schweigen

Im Schweigen erstrahlt es,
das Wesen des Glücks.
Spielt einsam die Geige
des stimmlosen Stücks.

Und spräch´ es, so flögen
die Worte zurück.
Im Stillen erwacht es,
das Kindlein im Glück

?

Ich wandle entlang
einer Felsenküste,
und starre zum Mond,
der sich zu mir gesellt.

Als ob er darauf
eine Antwort wüsste,
ob es sich lohnte
zu lieben die Welt.

Föhrenlied

Kindheitsträume, Wurzelwege,
bunte und verblasste Bilder.
Endlos viele Wegweisschilder,
säumen der Erinn´rung Stege.

Gegenwärtig sind die Mauern
längst verwelkter, edler Zeiten,
die im Stillen uns begleiten
und um ihre Anmut trauern.

Salamander auf den Steinen,
Breite Föhren, krauste Linden.
Vieles lässt das Herz Dich finden,
lässt Dich lachen, lässt Dich weinen.

Glühwürmchen

Glühwürmchen am Wegesrand,
hab´ sie beinah nicht erkannt.

Lange Zeit nicht mehr geseh´n…
Jahre mussten erst vergeh´n.

Hast in mir das Kind geweckt,
hab´ mich wieder neu entdeckt.

Schöne Bilder tief in mir
aus der Kindheit waren hier.

Kleines Leuchten, großes Licht,
und ein Strahlen im Gesicht.

Danke, dass Du mir gezeigt,
(wo der Weg zu Bank abzweigt),

dass es Glühwürmchen noch gibt,
dass mich jemand – *Du*! – sehr liebt.

Blüte

Oft zähle ich die Tage,
wie am Himmelszelt
die Sterne, und ich wage
zu zweifeln an der Welt.

Wie lang´ soll ich noch warten,
bis Liebe da und dort,
gleich einem Rosengarten,
erblüht an jedem Ort?!

Gleichgewicht

Die Möwe fliegt,
der Löwe liegt
in meinem Kopf herum.

Der Löwe brüllt,
die Möwe füllt
die Zeit mit Schweigen stumm.

Gefangen sind
im Abendwind
der Möwe Federn weich.

Des Löwen Fell,
es leuchtet hell,
dem Schein der Sonne gleich.

Die Möwe ist
was in mir fließt:
Gedanken in dem Kopf.

Der Löwe hält
in meiner Welt
der Herzenstüre Knopf.

...

An den Klippen steh´ ich, schallend
tönt Dein Lachen zu mir hin.

Dass ich schweigsam stärker bin,
zeig´ ich Dir, zu Grunde fallend.